SOU O QUE FAÇO DE MINHA HISTÓRIA

(Guia para formandos)

Deolino P. Baldissera

SOU O QUE FAÇO DE MINHA HISTÓRIA

(Guia para formandos)

Dados Internacionais de Catalogação na Publicação (CIP)
(Câmara Brasileira do Livro, SP, Brasil)

Baldissera, Deolino P.
   Sou o que faço de minha história : guia para formandos / Deolino P. Baldissera. – 3. ed. – São Paulo : Paulinas, 2011.

   ISBN 978-85-356-0856-4

   1. Vocação religiosa   2. Vocação sacerdotal   I. Título.

   11-10544   CDD-230.071

Índices para catálogo sistemático:
1. Presbíteros : Formação : Guia para formandos : Cristianismo   230.071
2. Religiosos : Formação : Guia para formandos : Cristianismo   230.071

3ª edição – 2011
2ª reimpressão – 2018

Nenhuma parte desta obra poderá ser reproduzida ou transmitida por qualquer forma e/ou quaisquer meios (eletrônico ou mecânico, incluindo fotocópia e gravação) ou arquivada em qualquer sistema ou banco de dados sem permissão escrita da Editora. Direitos reservados.

Paulinas
Rua Dona Inácia Uchoa, 62
04110-020 – São Paulo – SP (Brasil)
Tel.: (11) 2125-3500
http://www.paulinas.com.br – editora@paulinas.com.br
Telemarketing e SAC: 0800-7010081
© Pia Sociedade Filhas de São Paulo – São Paulo, 2002

ROTEIROS PARA ESCREVER A PRÓPRIA HISTÓRIA

Sumário

Introdução 9

Situando-me no mundo 11

Tenho uma história 19

Minha história me marcou 29

Tenho que rever minha história 45

Tenho uma história vocacional 53

Minha história projetada no futuro 61

Exercícios 67

Introdução

Você tem em mãos um guia prático para escrever sua história. São alguns subsídios que o ajudarão na tarefa de conhecer-se melhor. Especialmente, se você está em processo de formação para a vida religiosa ou presbiteral (pode ser útil também para qualquer pessoa interessada em perceber seu caminho de crescimento).

Este livro apresenta seis roteiros para escrever uma autobiografia, tendo como objetivo perceber aspectos diferentes da própria experiência pessoal. Eles o levarão a repassar toda a sua história pessoal, observando não somente a cronologia de sua vida, mas também os acontecimentos e fatos que a marcaram, desde o dia em que nasceu até o presente momento.

Pelos títulos e introduções para cada roteiro você terá uma idéia de qual objetivo está sendo proposto. O primeiro roteiro o ajudará a conhecer um pouco o mundo que encontrou no dia do seu nascimento, daí o título: "Situando-me no mundo". No segundo roteiro você será convidado a tomar consciência de que tem uma história: "Tenho uma história"; no terceiro roteiro você refletirá sobre aspectos que marcaram sua história: "Minha história me marcou". No quarto roteiro você será desafiado a rever sua história: "Tenho que rever minha história". No quinto, você descreverá sua história de fé: "Tenho uma história vocacional". No sexto roteiro você olhará para sua história futura: "Minha história projetada no futuro". Tenha liberdade para acrescentar outros itens que considere importantes para a compreensão de sua história pessoal.

No final dos roteiros para a autobiografia, há também um exercício que você é convidado a fazer, olhando para o paradigma da casa. Esse exercício lhe sugere uma auto-análise, ou melhor, uma auto-observação: como você lida com seu mundo interior, que espaços você mais usa e que outros ficam esquecidos. Há, ainda, um segundo exercício: um questionário para seu autoconhecimento.

AUTOBIOGRAFIA 1
SITUANDO-ME NO MUNDO

Situando-me no mundo

No dia em que nasci!

Quando nasci encontrei um mundo que estava aí. A partir do momento em que entrei nele, começou uma história de interação: de influenciar e ser influenciado, um processo que vai perdurar enquanto eu viver. Enquanto estou no mundo ele exerce influência sobre mim e eu sobre ele. Vivemos uma interação que teve um começo e terá um fim. Minha influência sobre o mundo pode ser muito pequena, mas o mundo não é o mesmo depois que nasci, mesmo que a única diferença que exista seja um número a mais nas estatísticas. Na verdade, não sou apenas um número estatístico, ocupo um espaço, alimento-me de coisas, interfiro na vida de outras pessoas, locomovo-me e, no caminho, piso sobre formigas, uso roupas que outros fizeram, sento num banco escolar, grito no estádio, ocupo um lugar no ônibus, meu nome tem um registro no cartório, minhas ações modificam ambientes, relaciono-me com pessoas, meu voto ajuda a eleger pessoas...

Como se pode ver, a partir do meu nascimento o mundo tornou-se um pouco diferente do que era até então. Mas ele também sobrevive sem mim, tem suas leis próprias, sua dinâmica. É na interação que estabeleço com ele, no jogo de influências recíprocas, que vou construindo uma história.

Ao me propor conhecer-me melhor, é importante que eu tenha uma idéia de como estava o mundo no dia em que comecei a fazer parte dele.

* * *

A seguir você encontrará um roteiro no qual é convidado a escrever um preâmbulo para sua autobiografia. Nele você descobrirá o que deve fazer. Lembre-se de que essa parte de sua autobiografia tem como objetivo levá-lo a conhecer um pouco o contexto do mundo, da Igreja, de sua família, com seus principais fatos, no dia em que você nasceu. O que propomos é que você descreva isso em quatro níveis: 1) mundial; 2) continental e nacional; 3) local (lugar onde você nasceu); 4) familiar. Para fazer isso você pode consultar livros de história, jornais, revistas, documentos, pessoas... Quanto irá escrever depende de você e de seu interesse, porém, certifique-se de ter um mínimo de informações que lhe permita obter uma idéia do mundo que você encontrou no dia em que nasceu.

Roteiro 1

Nome_____ Data de nascimento ___/___/___

1. EM ÂMBITO MUNDIAL: No dia em que você nasceu, qual era a principal questão que envolvia as discussões na política e na economia mundiais? Havia conflitos entre países? Guerras? Houve alguma descoberta científica importante? Mudanças? Quais eram os líderes mundiais em destaque?

_____
_____
_____
_____
_____

2. NO ÂMBITO DA IGREJA NO MUNDO: Quem era o Papa? Havia alguma questão importante em discussão? Foi publicado algum documento significativo?

_____
_____
_____
_____
_____

3. EM ÂMBITO NACIONAL: Quem era o presidente? Qual era a situação econômica? O que se discutia no campo político? Houve algum fato importante no esporte?

_____
_____
_____
_____
_____

4. NO ÂMBITO DA IGREJA NO BRASIL: Qual era o tema da Campanha da Fraternidade? Os bispos lançaram algum documento importante? Qual era a situação social mais debatida?

_____
_____
_____
_____
_____

5. NO ÂMBITO DA SUA CIDADE: Quem era o prefeito? Qual a principal reivindicação da população? Houve algum fato marcante no município?

_____
_____
_____
_____
_____

6. EM ÂMBITO PAROQUIAL: Quem era o pároco? Quem o batizou? Onde você foi batizado? Quem foram seus padrinhos? Que idade você tinha?

_____
_____
_____
_____
_____

7. EM ÂMBITO FAMILIAR: Além de seu nascimento, houve algum outro fato marcante? Algum familiar estava com problemas de saúde? Qual era a situação financeira de seus pais? Você nasceu com saúde? Você nasceu na maternidade ou em casa? Parto normal ou cesariana? Por que lhe deram o nome que você tem?

_____
_____
_____
_____
_____

AUTOBIOGRAFIA 2
TENHO UMA HISTÓRIA

Tenho uma história

Introdução

Eu tenho uma história. Ela se iniciou no dia em que fui concebido pelos meus pais. Após o meu nascimento, ela começou a ser construída, dia a dia, dentro do mundo que encontrei e no qual fui vivendo. Passaram-se os anos e cheguei até o momento presente. Se olho para o caminho que já trilhei, encontro minhas pegadas; minhas lembranças registram experiências que já vivi. Constato que tenho uma história, não sou um incógnito, anônimo. No meu caminho encontro memórias de fatos, acontecimentos, experiências que foram se juntando e agora fazem parte de mim. Ao passar dos dias, muitos pensamentos povoaram minha mente, muitos sentimentos mexeram com minhas emoções, muitas pessoas passaram por mim deixando suas marcas. Muitas delas demonstraram muito afeto, incentivo, reconhecimento, serviram de modelo para meu "eu" ainda inexperiente. Outras não me foram tão simpáticas, até pelo contrário, tiveram pouca consideração; algumas até mostraram-se duras demais, outras ainda me puniram, foram mais fortes, impuseram limites às vezes exagerados. Na caminhada até aqui, tive também minhas conquistas, conheci pessoas além dos meus familiares, fiz amizades, tive colegas de escola, amigos de confidências, companheiros de esportes. E tive também fracassos, não me saí bem em algumas coisas que fiz, minha inexperiência e imaturidade me causaram decepções, fiz idéias grandiosas de mim, imaginei-me jogador de futebol como Pelé. A realidade depois confirmou que era fantasia. Desenvolvi habilidades, descobri dons, encontrei-me com minhas deficiências. Alegrei-me com fatos positivos, entristeci-me com perdas, com experiências dolorosas.

Tudo isso faz parte de uma história que me pertence!

* * *

A seguir, um roteiro para você descrever sua história. Escreva-a com a maior sinceridade e liberdade possível. Quem não conhece bem sua própria história tem menos chance de desfrutar a vida com tudo o que ela oferece de bom e menos bom. A felicidade de cada um passa também pela integração de si em sua própria história.

Roteiro 2

1. Nome completo _____

2. Data de nascimento ___/___/_____ Quanto anos você tem? ___

3. Cidade _____
   Estado _____
   Procedência: urbana _____ rural _____

4. Escolaridade: Fundamental ( )   Médio ( )   Superior ( )

5. Nome do pai: _____
   Profissão: _____
   Nome da mãe: _____
   Profissão: _____

6. Quantos irmãos tem? _____ E irmãs? _____
   Qual a posição que você ocupa entre eles? _____

7. Seus pais são descendentes de _____ /
   _____

8. De que esporte você gostava quando pequeno? _____

9. Você torcia para algum time? _____ Qual? _____
   Quando ele perdia, como você se sentia? _____
   Quem era seu ídolo no esporte? _____
   Que outras pessoas (em geral) você admirava no mundo? ____
   _____
   Você já sentia vontade de ser como alguma delas? _____

O quê você mais admirava nelas? _____
_____

10. Descreva um pouco o lugar onde você passou seus primeiros anos.

_____
_____
_____
_____

11. Você se lembra quem eram os amigos/as com quem mais conviveu? Tem alguma experiência de que se lembra de modo particular?

_____
_____
_____

12. O que você acha da educação que recebeu?

_____
_____
_____

13. Na sua casa quem mandava mais: pai ( ) mãe ( ) irmão ( ) irmã ( ) avô ( ) avó ( ).

14. Você foi criado por quem? Pais? _____ Outros? _____ Quem? _____

15. Qual a religião de seus pais? _____

16. O que você destacaria em sua história pessoal que o tenha marcado? _____
_____

17. Se você pudesse, o que modificaria na educação que recebeu no ambiente familiar? _____
_____
_____
_____

18. Você poderia contar ao menos dois tipos de dificuldades que enfrentou em sua vida até aqui?
    a) _____
    _____
    _____
    _____

    b) _____
    _____
    _____

19. Diga três sonhos que você desejava realizar em sua vida quando crescesse:
    a) _____
    b) _____
    c) _____

20. Que idade você tinha quando sentiu o desejo de seguir sua vocação? _____

21. Alguém o incentivou? _____
    Quem? _____ O que você admirava na pessoa que o influenciou? _____
    _____

22. Havia algum problema mais sério de relacionamento entre os membros de sua família?_____
Em caso afirmativo, qual?_____
_____
_____

Isso o afetou?_____ Como você acha que isso poderia ter sido resolvido? _____
_____

Seus pais vivem juntos?_____ Algum deles é falecido?_____
_____

Se for, qual? _____ De que morreu? _____
_____

Que idade você tinha? _____ Você sente muito a falta dele/a? _____
_____
_____

23. Tem alguém com doença na família? _____
_____

24. Qual a principal dificuldade que sua família teve que enfrentar?
_____
_____
_____
_____
_____

Segundo você, o que precisaria ser feito para diminuir essa dificuldade?

_____
_____
_____

25. Quais sentimentos percebia mais presentes em você? _____
_____
_____

26. Que sonhos você ainda não realizou em sua vida? _____
_____
_____
_____

27. Em que você sentiu mais dificuldade? _____
_____
_____

28. Diga três coisas que você sentia prazer em fazer:

    a) _____
    b) _____
    c) _____

29. Quais eram suas três cores preferidas? _____ /
_____ / _____

30. Imagine-se agora participando de um encontro de jovens. No primeiro dia, disseram-lhe que haveria uma brincadeira de "amigo secreto". Foi pedido que cada um fizesse uma autodescrição numa folha de papel, sem revelar o próprio nome, e a deixasse numa cestinha. Depois, cada um pegaria um dos papéis com as características de seu "amigo secreto". Disseram, ainda, que no último dia seria feita a revelação. Mas, cada um deveria reconhecer o "amigo secreto" por sua autodescrição e pela observação durante os dias de encontro.

Como você se autodescreveria, informando a seu "amigo secreto" sobre sua maneira de agir, sua personalidade, seus gostos, seu caráter etc.? Ele deve ser capaz de reconhecê-lo no final do encontro sem perguntar por você, somente lendo sua autodescrição e pela observação dos participantes. Tente descrever-se dando as dicas para seu "amigo secreto" reconhecê-lo.

_____
_____
_____
_____
_____
_____
_____
_____
_____
_____

AUTOBIOGRAFIA 3
MINHA HISTÓRIA ME MARCOU

Minha história me marcou

Introdução

Tenho consciência de que a história que vivi deixou marcas em mim. As experiências que aconteceram comigo ou das quais participei com os outros não foram menos fatos que passaram sem deixar sinais. Percebo que há traços em mim que são o resultado de hábitos que adquiri; muitos deles facilitam minha vida, outros a emperram. Muita coisa que aconteceu comigo ajudou-me a crescer e a desenvolver-me de modo sadio. Outras coisas permaneceram como "problemas mal resolvidos" que me prendem a maneiras infantis de lidar com a vida. Sei que na convivência com as pessoas as influências foram recíprocas. Sei também que isso é normal na vida de qualquer um. À medida que fui convivendo com os outros, principalmente os mais chegados, familiares e amigos, foram se firmando pilares sobre os quais me apoiei e fui construindo uma imagem de mim mesmo; fui testando minha auto-estima. Hoje tenho consciência de que minha história me marcou, mas sei também que aquilo de que consigo me lembrar não é tudo o que vivi. Há em meu inconsciente muitas memórias afetivas que desconheço, mas sei que influenciam meu cotidiano. Estão dentro de mim, mas as desconheço! Agem sobre mim sem minha licença explícita, limitam minha liberdade e não me avisam, fazem coisas que mais tarde detesto, pago um preço alto por coisas que não decidi fazer. Nas cadeias de meus neurônios se esconde uma história marcada por tudo aquilo que aconteceu comigo. Nada foi "nuvem passageira", pelo contrário, tornou-se terra firme, onde há boa semente, mas também mistérios escondidos, fantasmas que assustam. Desvelar o que é possível é um desafio que encontro para ter minha história mais à palma de minha mão. Tê-la mais sob meu domínio me permite direcioná-la com mais segurança e menos ansiedade nos dias que estão à minha frente, como caminhos a serem trilhados.

Aceito pagar o preço da descoberta de mim mesmo. Minha história me marcou, por isso a quero conhecer melhor para que ela não pareça escrita por um autor anônimo. Para que eu seja sujeito dela, proponho-me a olhar as marcas que ela deixou em mim.

* * *

A seguir um roteiro para você escrever a história que o/a marcou.

Roteiro 3

1. Com quem você se acha parecido em sua família? _____
   _____

2. As pessoas (seus familiares) diziam que você era parecido com quem? _____
   Por quê? _____

3. Que apelido(s) você teve? _____

4. Com quem o comparavam? _____
   Por quê? _____
   _____
   _____

5. O que as pessoas diziam que você seria quando crescesse? __
   _____

Sentimentos e emoções

6. O que era "feio" manifestar (fazer ou dizer)? _____
   _____

7. O que não podia fazer diante de pessoas estranhas? _____
   _____
   _____

8. Qual atitude sua era elogiada? _____
   _____
   _____

9. O que não podia dizer ao seu pai ou à sua mãe? _____
   _____
   _____

10. O que acontecia quando você "desobedecia"? _____
_____
_____

11. De que você tinha/tem vergonha? _____
_____

12. Que sentimentos você tinha/tem mais dificuldade de manifestar?
_____
_____
_____

13. Quando você encontrava/encontra pessoas pela primeira vez, qual era/é sua maneira de se comportar?
_____
_____
_____

14. Se se irritava/irrita com alguém ou alguma coisa, você costumava/costuma manifestar seu sentimento ou tendia/tende mais a ficar calado (engolir)?
_____

15. Se alguém lhe fazia/faz algum desaforo, qual era/é sua reação costumeira? _____
_____

16. Você se considera uma pessoa que tem facilidade de manifestar o que sente e pensa ou tende a guardar as coisas mais para si?
_____

17. Quando você ficava/fica com raiva, o que você fazia/faz? ___
_____

Relacionamento com os outros

18. Como lhe ensinaram a relacionar-se com as pessoas? _____
_____
_____

19. Quando chegava alguém de fora em sua casa, como deveria comportar-se (o que deveria fazer?) _____
_____
_____

20. O que você deveria fazer quando ia à casa de alguém? _____
_____
_____

21. O que você não podia contar aos de "fora"? _____
_____
_____

22. Se alguém lhe oferecesse alguma coisa, o que você deveria fazer? _____
_____
_____

23. O que você nunca ouviu falar em sua casa? _____
_____
_____

24. Que assuntos você percebia que seu pai/mãe tinha vergonha de falar com você ou perto de você? _____
_____
_____

25. O que seu pai/mãe dizia quando você tocava em algum assunto proibido em casa? _____
_____

26. O que você teve que aprender sozinho? _____
_____

27. Você tem amigos/as? _____
_____

28. Descreva como deve ser uma pessoa para que você a considere amiga. _____
_____

29. Você tem mais facilidade em fazer amizade com homens ou mulheres? _____
Por quê? _____
_____

30. Em que situações você costuma procurar seus amigos/as: ___
_____

31. Você já confidenciou coisas muito pessoais para alguma pessoa? _____
_____

Por quê? _____
_____
_____

32. Há pessoas com quem você não se dá? _____ Por quê?
_____

33. Já aconteceu de você ficar magoado com alguém? _____ Que tipo de coisa o magoa? _____
_____

O que você faz quando está magoado? _____
_____
_____

34. Você já foi líder em algum grupo (jovem, escola, outros)? ___
_____

35. O que você prefere, quando está num grupo: ter papel de liderança ou só participar? _____

    Por quê? _____

36. Você se considera uma pessoa sensível diante dos outros ou mais fria? _____
_____

37. Tem alguma coisa em seu temperamento que você gostaria de mudar ou controlar melhor? _____
    O quê? _____
_____

38. O que você acha que atrapalha (a você ou aos outros) no relacionamento com as pessoas? _____
_____
_____

39. Fale um pouquinho sobre como deveria ser uma amizade sadia entre duas pessoas: _____
_____
_____
_____

40. Como você costuma expressar seus sentimentos quando gosta de alguém? _____
_____

41. O que você acha do namoro? _____
_____
_____

42. Você já namorou? _____ Se já, como avalia essa experiência?
    _____
    Se não namorou, gostaria de ter namorado? _____
    O que o impediu? _____
    _____

Experiência de trabalho

43. Você já teve algum emprego? _____ Em caso afirmativo, qual(is)
    _____
    _____

44. Você já recebeu salário por seu trabalho? _____
    O que fazia com ele? _____
    _____

45. O que você acha de uma pessoa que não trabalha? _____
    _____

46. O que pode ser considerado trabalho, segundo você? _____
    _____

Desenvolvimento de sua fé

47. Que idéia de Deus lhe foi transmitida (quem lhe diziam ser Deus)?
    _____
    _____

48. O que lhe diziam quando você fazia alguma coisa errada? __
    _____
    _____
    _____

49. O que era pecado? _____
_____
_____

50. O que acontecia quando você não seguia as regras dadas? __
_____
_____

51. Que orações você aprendeu em sua casa? _____
_____
_____

52. Que valores lhe foram ensinados por seus pais? _____
_____
_____

53. Vocês cultivavam alguma devoção em casa (novenas, terço etc.)?
_____
_____

54. Sua família participava da comunidade (capela/paróquia)? __
_____
Com que freqüência? _____

55. Você ou alguém de sua família exerce (exerceu) cargos na comunidade? _____ Quem? _____
_____

56. Com que idade você fez a primeira comunhão? _____
E a crisma? _____
_____

57. Com que idade você se sentiu atraído pela vida religiosa? Com que idade entrou? _____
_____

58. O que despertou sua vocação? _____
_____
_____

59. Qual a religião de seus pais atualmente? _____

60. Alguém de sua família segue outra religião ou é ateu? _____
    Em caso afirmativo, quem e qual religião? _____
    Isso traz dificuldade para você? _____

61. Escreva um pouquinho sobre quem é Jesus Cristo para você.
_____
_____

62. Qual o santo ou a santa que você mais admira? _____
    _____ Por quê? _____
    _____

Educação afetiva/sexual

63. Como foi sua educação sexual? _____
_____
_____

64. Segundo você, ela foi conduzida de modo adequado ou marcada por muitos tabus? _____
_____

65. Onde você aprendeu o que sabe (em casa, na escola...)? ____
_____
_____

66. Com quem você conversava (conversa) sobre sexualidade? __
_____
_____

67. Que perguntas você ainda tem em relação à sexualidade? ___
_____
_____

68. Com quem você esclarece suas dúvidas sobre sexualidade? __
_____
_____

69. Já se apaixonou por alguém? _____
_____
_____

70. Como você vê o casamento? _____
_____

71. Se você fosse se casar, o que *seria igual* e o que *seria diferente* da família de seus pais? _____
    Igual: _____
    _____
    Diferente: _____
    _____

Vida escolar

72. Quantos anos você tinha quando foi para a escola? _____

73. Alguma experiência (positiva ou negativa) o/a marcou nos primeiros anos de escola? _____
    _____
    Em caso afirmativo, conte resumidamente: _____
    _____
    _____
    _____
    _____

74. Que matéria(as) você mais gostava de estudar? _____
 _____

75. Como foi seu desempenho escolar? Você estava entre os melhores alunos _____ entre os médios _____ entre os que conseguiam média para passar_____ entre os piores _____

76. Você ficou em recuperação alguma vez? _____
 Repetiu de ano? _____

77. Você se considera uma pessoa com inteligência para fazer coisas práticas _____
 mais do que coisas abstratas? _____

78. Quando lê o texto de um livro, você tem facilidade de memorizar o que leu? _____
 _____

79. Depois que você começou a estudar, teve que interromper os estudos por algum motivo? _____
 _____

Considerando o que conhece de sua vida, destaque os aspectos de sua história que você percebe que mais o/a marcaram até aqui. Faça uma espécie de lista resumindo esses aspectos.

1. _____
2. _____
3. _____
4. _____

5. _____
6. _____
7. _____
8. _____
9. _____
10. _____
11. _____
12. _____

AUTOBIOGRAFIA 4
TENHO QUE REVER MINHA HISTÓRIA

Tenho que rever minha história

Introdução

  Até aqui constatei que tenho uma história e que ela me marcou. Percebo que isso não é suficiente. Afinal, acredito em minha capacidade de ser livre e poder, a cada momento novo de minha vida, vivê-la de modo original, sem pensar que serei apenas uma repetição do meu passado. Isso seria fatalismo demais. Mas não posso ignorar a força que meu inconsciente tem de me condicionar, de me fazer repetir coisas que poderiam ser feitas de outro jeito, se eu tomasse consciência delas e revisse algumas atitudes e hábitos condicionados que tenho. Sei que admitir algumas maneiras infantis que tenho não é fácil, porque mexem com a imagem que penso ter e com minha auto-estima. Se quero livrar-me de alguns resquícios do passado que ficaram mal elaborados em mim, tenho que ter a coragem e a disposição de rever aspectos de minha história. Rever não significa ter que abrir mão de minhas experiências, isto seria um engano. Todas as experiências que já vivi, bem ou mal, me pertencem. Do que posso abrir mão é de certas conseqüências que essas experiências deixaram em mim, no meu inconsciente. A tentativa que farei de rever minha história tem esta finalidade: entender minhas experiências em seu contexto maior, que, à época em que as vivi, não me dei conta ou mesmo não tinha condições psicológicas, culturais e de maturidade para integrá-las em mim de modo diferente. Por isso, hoje sei que vou ter que pagar um preço mais caro, porque algumas coisas de certo modo criaram raízes em mim e eu me acostumei a interpretá-las sempre da mesma maneira, distorcidamente. Percebo-as por seus sintomas, pelas interpretações que dou a elas, que não me satisfazem nem resolvem meu problema. Por isso, considero necessário rever aspectos de minha história.

* * *

O roteiro que vem a seguir tem esse propósito! Ajudá-lo/a a rever sua história...!

Roteiro 4

1. Quais as frases que você ouviu muitas vezes de seu pai/mãe sobre a vida, que para eles eram coisas importantes e continuam válidas para você, servindo, às vezes, para orientá-lo em suas escolhas?

   _____
   _____

2. Em que outras frases, hoje, você discorda deles?

   _____
   _____

3. O que ficou mais fortemente marcado em você da educação que recebeu? O que você mantém e o que gostaria de mudar?

   _____
   _____
   _____

4. Os pais são humanos e limitados, como todas as pessoas. Daí que, apesar das boas intenções e esforços, eles também falharam ou foram deficientes em alguns aspectos da educação que deram (dão) a seus filhos. Quais as deficiências que você percebe na educação que seus pais lhe deram? _____

   _____
   _____
   _____

5. Para quais perguntas você ainda não tem respostas?

   _____
   _____
   _____
   _____

6. Quais desafios você considera que irão melhorar a imagem que você construiu de si mesmo até agora? _____
   _____
   _____
   _____

7. Depois de ter feito essas quatro partes de sua autobiografia, o que você gostaria de dizer, em síntese, sobre si mesmo (como se autodefiniria)? _____
   _____
   _____
   _____

8. Para concluir sua autobiografia, faça no quadro abaixo seu auto-retrato (sua própria foto).

Depois que você tiver desenhado seu auto-retrato, escolha uma parte (um membro de seu corpo, por exemplo) que você acha que melhor o representaria. Escreva aqui: _____

_____
_____
_____
_____

Por que você escolheu essa parte? _____

_____
_____
_____

    Muito bem, você acabou de relembrar e contar coisas muito importantes sobre sua vida. Certamente você gostou de rever algumas delas, outras foram um pouco mais difíceis. O importante é que você conseguiu reescrever um pouco do que já conhece, e isso lhe dá uma imagem de si mesmo. Se descobriu que tem algumas coisas que ainda não estão bem claras, isso significa que você é mais do que consegue se lembrar. Significa também que pode crescer ainda mais. Se você identificou algum problema que não achou conveniente registrar aqui no papel, mas sobre o qual gostaria de conversar, procure alguém de sua confiança e converse. É o melhor jeito que você tem para continuar escrevendo sua história e construindo cada vez mais uma imagem mais autêntica e real de si mesmo.

AUTOBIOGRAFIA 5
TENHO UMA HISTÓRIA VOCACIONAL

Tenho uma história vocacional

Introdução

Há algum tempo, venho alimentando dentro de mim um sonho de viver minha vida dedicada a uma causa que vá além de mim mesmo. Dei-me conta um dia de que vim ao mundo para realizar uma missão. Fui me sentindo atraído por certos valores que no início não me eram nem mesmo muito claros, mas que me fascinavam!

Arrisquei-me e resolvi persegui-los. Tenho consciência agora de que não basta o entusiasmo inicial pelo qual fui cativado. Tudo o que se quer de mais duradouro para a vida tem um preço. As coisas foram acontecendo devagarinho. Já passei por momentos diferentes nesta caminhada. No início, talvez ainda ingênuo, imaginava tudo mais fácil. Com a experiência, fui firmando mais os pés no chão e percebendo que os valores em si não perdem seu sentido; mas eu nem sempre consegui manter o encanto forte que tive no início. Percebo que para torná-los fortes em mim é preciso cultivá-los e também superar arestas dentro de mim, bem como impulsos, desejos contrários a eles. Sinto que eles valem a pena, mas exigem renúncias. O projeto de Deus para mim conta com a minha participação ativa e responsável. No fundo está em minhas mãos decidir o que vou fazer de minha vida e de que maneira vou vivê-la.

Ao aceitar o desafio vocacional, assumo também os riscos inerentes e o preço a pagar pela conquista que desejo fazer. Discernir as várias alternativas que se apresentam diante de mim: eis o compromisso que tenho neste momento de minha vida! Estou percebendo que tenho uma história vocacional, ainda incompleta, é verdade, mas autêntica! Quero aprofundar-me no conhecimento dela!

* * *

A seguir, um roteiro para você escrever sua história vocacional.

Roteiro 5

1. Você se lembra de como e quando aprendeu a falar de Deus?
   _____

2. Que imagens de Deus você já fez? _____

   Qual a imagem que você tem hoje? _____

   Quem é ele para você? _____

3. Você se lembra de quando começou a sentir-se atraído pela vocação que está abraçando? Conte como foi. _____
   _____
   _____

4. Como você imaginava a realização de seu sonho (vocação)?
   _____
   _____
   _____

5. De lá para cá mudou alguma coisa? Quais sinais, atitudes em sua vida expressam a mudança que ocorreu? _____
   _____
   _____
   _____

6. Consultando o fundo de seu coração, quais os projetos que você tem para daqui a dez anos com relação à sua vocação? _____
   _____
   _____
   _____

7. Você passou por momentos de crise? O que isso significou para você? _____
_____
_____
_____

8. Se você tivesse que descrever o sentido de Jesus Cristo para sua vida, como o descreveria? _____
_____
_____

9. Descreva um fato ou experiência significativa em sua história vocacional. Como a vivenciou? _____
_____
_____
_____

10. Por que você quer ser religioso (padre), religiosa? _____
_____
_____
_____
_____

11. O que você espera em termos de crescimento pessoal com relação à sua vocação este ano? _____
_____
_____

12. Se no futuro você fracassar em algum propósito assumido, como imagina que vai reagir? _____
_____
_____
_____

13. O que considera fundamental para que sua vocação se firme e seja força dentro de você? _____
_____
_____

14. Como você descreveria sua fé hoje? _____
_____
_____

15. Que valores você considera básicos para alicerçar e fortalecer sua vocação? _____
_____
_____

16. Quais as alegrias e dificuldades que espera encontrar como religioso/a? _____
_____
_____

17. Quais aspectos da missão da congregação/diocese correspondem aos seus anseios vocacionais? _____
_____
_____
_____
_____

18. Está valendo a pena sua experiência atual? Algo o está surpreendendo em termos de expectativas (positiva ou negativamente)?
_____
_____
_____

AUTOBIOGRAFIA 6
MINHA HISTÓRIA PROJETADA
NO FUTURO

Minha história projetada no futuro

Introdução

Já tomei consciência de grande parte de minha história até aqui. Sinto que chegou o momento de projetá-la no futuro. Na viagem autobiográfica que fiz até aqui, percebi minha história de forma mais realista. Noto que muitos sonhos se realizaram, outros foram frustrados. Continuo, porém, sonhando!

Vou dar asas à minha imaginação e fantasia para que elas me levem para o meu futuro e me ajudem a ver como gostaria que tivesse sido o que já vivi, pensando de uma forma mais ideal. Como seria esse futuro que desejo, se dependesse apenas de minha imaginação e fantasia? Sei que não é fácil desligar-me daquilo que já experimentei de alguma forma, pois está impregnado em mim como o sal na água do mar! Separar-me de minha experiência é quase anular-me! Água do mar é sempre salgada! Posso desejar realizar a experiência da água do rio, que é doce! É preciso, para isso, abstrair-me de algo aparentemente invisível, assim como o é o sal na água do mar, para fazer a experiência da mesma essência (água), mas com sabor diferente. Como seria "dessalinizar" a minha vida para experimentar-me de outro modo? Só com exercício de imaginação e um pouco de fantasia! Vou projetar-me no futuro, imaginando "ser água do rio", como uma experiência que pode realizar os desejos que ainda não vivi!

* * *

A seguir você encontrará um roteiro para ajudá-lo a projetar sua história para o futuro!

Imaginando o próprio futuro...

Todo ato humano começa com um desejo. Ninguém vai ao supermercado se não souber que ele existe. Você também tem ou teve sonhos, desejos que gostaria de realizar. Certamente também já imaginou sua vida diferente, se algumas das coisas que você sonhou tivessem acontecido.

Agora você é convidado a escrever uma história baseada na tarefa abaixo.

Tarefa

Imagine-se num disco voador sendo levado no tempo para um ponto após o fim de sua vida. Você encontra lá uma fita de vídeo que lhe mostra a história de sua vida desde hoje (data atual) até o fim. Descreva a história contada no vídeo, mas da maneira como você desejaria que tivesse sido.

Quando estiver escrevendo, imagine que está se comunicando com uma pessoa interessada em conhecer sua vida, mas que até agora não conhece nada de sua história. Escreva a história diretamente como lhe vem à mente, de uma só vez, se possível. Não há necessidade de prestar atenção à sintaxe, estrutura e ortografia.

O tamanho da história depende de você, mas deveria incluir tudo o que você considera realmente importante.(*)

_____

_____

_____

* (Adaptado de Cait O'Dwyer).

_____
_____
_____
_____
_____
_____
_____
_____
_____
_____
_____
_____
_____
_____
_____
_____
_____
_____
_____

_____ ____/____/____
Local   Data

                                 _____
                                 Assinatura

EXERCÍCIOS

Exercício 1
O paradigma da casa

Tomando-se a *casa* como *paradigma*, pode-se pensar em significados simbólicos para cada parte, por exemplo:

1. Porta de entrada: por ela se entra na casa. Simbolicamente, por meio dos cinco sentidos você percebe o mundo que entra em você e o cerca. Eles lhe permitem fazer experiências que vão se tornando parte de sua vida. Em suas experiências transitam pensamentos, emoções, sentimentos, imaginações, fantasias... Assim, podemos imaginar que cada parte da casa corresponde a algo dentro de você.

2. Corredor: dá acesso às diferentes partes. Você pode percorrer com sua razão, reflexão, sentimentos, necessidades, valores, ideais, convicções, memórias, as mais diferentes experiências de sua vida.

3. Sala de visita: lugar onde você recebe pessoas, se apresenta... Você pode imaginar como se sente aceito pelos outros, como os outros o vêem, como deseja que o vejam, como você os trata e como é tratado, que sentimentos experimenta pelas pessoas, como os expressa.

4. Cozinha: lugar onde se prepara o alimento. Aí há diversos utensílios, coisas quentes e frias. Imagine-a como os espaços de sua

vida em que você encontra calor humano ou, muitas vezes, relações frias. Lugar de serviço, de ajuda construtiva, lugar de se aprender a temperar a vida, partilhar o que se tem; aí se faz, se dispõe dos dons. Lugar de se experimentar os dons dos outros, lugar dos amigos, companheiros (pai-mãe), afeto, amor...

5. Lavanderia: lugar de lavar roupa suja. Podemos imaginá-la como o espaço do desabafo, possibilidade de superar conflitos, lavar a "roupa suja", mas também de reconciliação (laboratório de experiências), lugar onde se mexe com sujeira, se faz limpeza, se passa o sabão, se lavam as mágoas, se descarregam raivas, ressentimentos; lugar de purificação, de perdão...

6. Despensa: reservas guardadas. Lembra dons não-usados, qualidades não desenvolvidas, energias armazenadas, disponíveis...

7. Quarto: lugar de intimidade, segredos, confidências, fidelidades, infidelidades, liberdade, prisão, simplicidade, respeito, espaço do sagrado, do pessoal, do estar à vontade consigo mesmo; lugar de conflitos, de inquietações, de transcendência, de fantasia...

8. Fundos: lugar aberto, espaço para novos sonhos, novas realizações, lugar do entulho (pode-se remover, limpar, construir).

9. Porão: zona inconsciente, memórias afetivas, bloqueios, lembranças felizes, conflitos, novas energias; lugar onde pouco se vai; lugar da história pessoal mais antiga; lugar de cupim, baratas, mas também de matérias úteis para se melhorar o espaço da casa...

10. Banheiro: lugar de se desfazer daquilo que não serve mais: mágoas, rancores, infantilismos, dependências, vitimismos, mau humor, ciúmes doentios, invejas, maledicências.

Tomando *agora* a casa como paradigma da *sua pessoa,* procure examiná-la colocando-se em cada uma de suas partes e verifique quais espaços você usa e quais usa pouco ou mesmo ignora:

1. Porta de entrada: A percepção que tem de si mesmo e das pessoas com quem convive é realista, preconceituosa, distorcida?
2. Corredor: Compartilha valores, necessidades, sentimentos, memórias com outras pessoas?
3. Sala de visita: Como é estar junto com os outros? Qual a qualidade da atenção que dá às suas relações?
4. Cozinha: Como alimenta seus ideais, desejos, sonhos?
5. Lavanderia: Como lida com seus conflitos, com o diferente do outro? Suporta com caridade os desabafos dos outros? Sabe separar o problema do outro daquilo que ele é?
6. Despensa: Como valoriza as qualidades dos outros? Ele é mais do que pode manifestar. Você crê nisso?
7. Quarto: Em sua vida há espaços para confidências, confiança e respeito por si mesmo e pela intimidade do outro?
8. Fundos: Percebe as possibilidades de crescimento que você tem, ou já se sente esgotado?
9. Porão: Lugar das memórias! Sua história é fonte de experiências que alimentam, iluminam seus projetos? Ou é lugar esquecido, rejeitado?
10. Banheiro: Você é capaz de abrir mão daquilo que não serve mais? De experiências negativas que não edificam mais?

MEDITAR: Ef 4,1-16. Ver também: Jr 1,4-10; 20,7-18.

Exercício 2

"Conheça a si mesmo"

O questionário seguinte tem como objetivo ajudá-lo a fazer uma reflexão sobre a sua vida. Faça-o com calma.

1. O que você pensa de si mesmo? Tem uma imagem negativa ou positiva de si mesmo?
2. O que lhe agrada ver em si mesmo?
3. O que não lhe agrada ver em si mesmo?
4. Quais os três maiores acontecimentos que marcaram sua vida?
5. Quais são os sentimentos que mais predominam em você?
6. Que aspectos de sua personalidade mais o deprimem?
7. Quais os três grandes desafios que o acompanham?
8. O que considera mais urgente mudar em sua vida e por quê?
9. Para quais dúvidas ou dificuldades desejaria receber algum esclarecimento ou ajuda?
10. Descreva-se em poucas palavras.
11. Quem é Deus para você?
12. Quais os cinco maiores valores espirituais que você procura encarnar em sua vida?
13. Como caracteriza sua experiência de Deus?
14. Diga três convicções que orientam sua vida neste momento.

Bibliografia para ajudar no autoconhecimento

Baldissera, D. P. *De quem sou eu? Para quem sou?*. São Paulo, Paulinas, 2000.

Branden, N. *O poder da auto-estima*. São Paulo, Saraiva, 1995.

_____. *Auto-estima:* como aprender a gostar de si mesmo. São Paulo, Saraiva, 1999.

_____. *Auto-estima e os seus seis pilares.* São Paulo, Saraiva, 2000.

Cencini, A. *Amarás o Senhor teu Deus*. São Paulo, Paulinas, 1989.

_____. *Viver reconciliados*. São Paulo, Paulinas, 1998.

Finkler, P. *Compreender-se e entender os outros*. São Paulo, Loyola, 1988.

Herrero, J. C., *Encontrar-se consigo mesmo*. São Paulo, Paulinas, 1999.

Horney, K. *Nossos conflitos interiores*. Rio de Janeiro, Bertrand Brasil, 1982.

Manenti, A. & Cencini, A. *Psicologia e formação*. São Paulo, Paulinas, 1998.

Marilyn, N. G. *Deixe de ser vítima*. Aparecida, Santuário.

Novello, F. P. *Um mergulho em si*. São Paulo, Paulinas, 2000.

Powell, J. & Brady, L. *Arrancar máscaras, abandonar papéis*. São Paulo, Loyola, 1991.

Swindoll, C. R. *Vivendo sem máscaras*. Venda Nova (MG), Editora Betânia, 1987.

Sofield, Juliano, Hammett. *Auto-estima*. São Paulo, Loyola.

Trevisol, J. *Amor, mística e angústia*. São Paulo, Paulinas, 2000.

Viscott, D. *A linguagem dos sentimentos*. São Paulo, Summus Editorial, 1992.

Wolff, H. *Jesus psicoterapeuta*. São Paulo, Paulinas, 1988.

Impresso na gráfica da
Pia Sociedade Filhas de São Paulo
Via Raposo Tavares, km 19,145
05577-300 - São Paulo, SP - Brasil - 2018